Impressum
Verlag: BABADADA GmbH, Nedderfeld 112 , 22529 Hamburg
Geschäftsführer / Verlagsleitung: Harald Hof
Druck: Books on Demand GmbH, In de Tarpen 42, 22848 Norderstedt

Imprint
Publisher: BABADADA GmbH, Nedderfeld 112 , 22529 Hamburg, Germany
Managing Director / Publishing direction: Harald Hof
Print: Books on Demand GmbH, In de Tarpen 42, 22848 Norderstedt, Germany

škola
escola

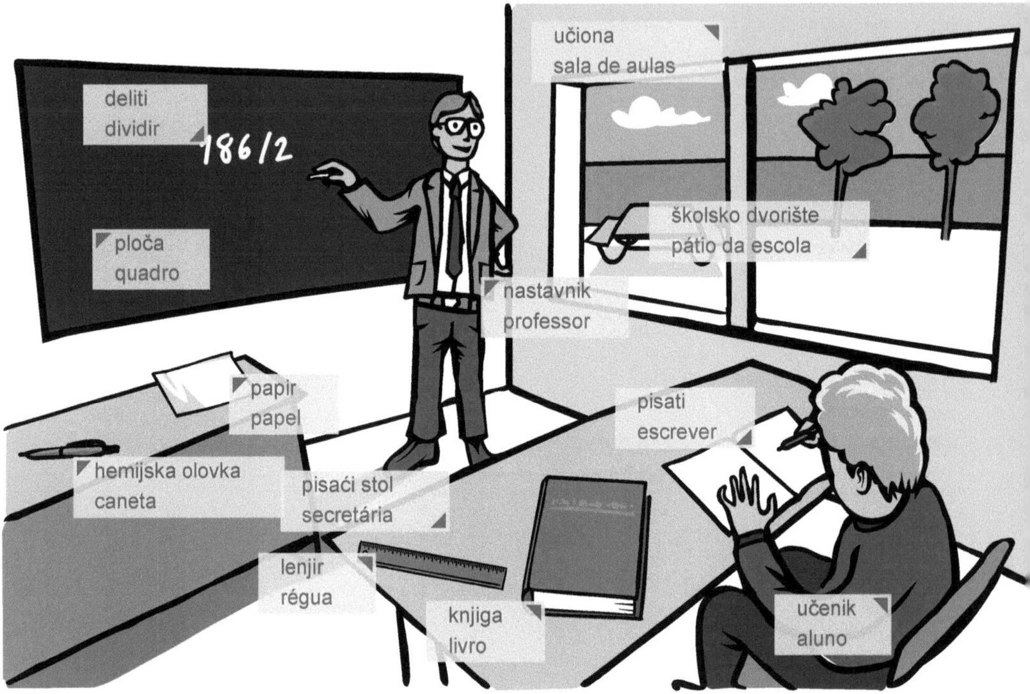

učiona
sala de aulas
deliti
dividir
186/2
ploča
quadro
školsko dvorište
pátio da escola
nastavnik
professor
papir
papel
pisati
escrever
hemijska olovka
caneta
pisaći stol
secretária
lenjir
régua
knjiga
livro
učenik
aluno

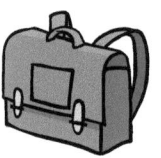

torba
mochila

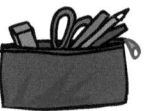

pernica
estojo de lápis

grafitna olovka
lápis

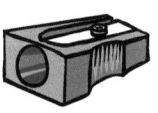

šiljilo za olovke
afia-lápis

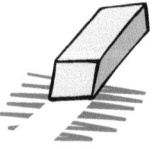

gumica za brisanje
borracha

blok za crtanje
bloco de desenho

crtež
desenho

kist
pincel

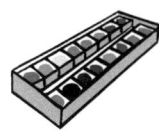

kutija sa bojama
caixa de tintas

makaze
tesoura

lepilo
cola

beležnica
livro de exercícios

domaći zadatak
trabalhos de casa

broj
número

sabirati
somar

oduzimati
subtrair

množiti
multiplicar

računati
calcular

slovo
letra

abeceda
alfabeto

reč
palavra

tekst

texto

čitati

ler

kreda

giz

čas

hora

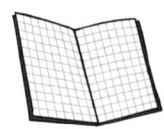

dnevnik

registo de presenças

ispit

exame

svedočanstvo

certificado

školska uniforma

uniforme escolar

obrazovanje

educação

leksikon

enciclopédia

univerzitet

universidade

mikroskop

microscópio

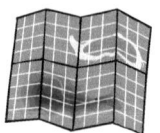

karta

mapa

košara za papir

cesto de lixo

hotel
hotel

prenoćište
hostel

ROOMS

menjačnica
casa de câmbio

EXCHANGE

kofer
mala

auto
carro

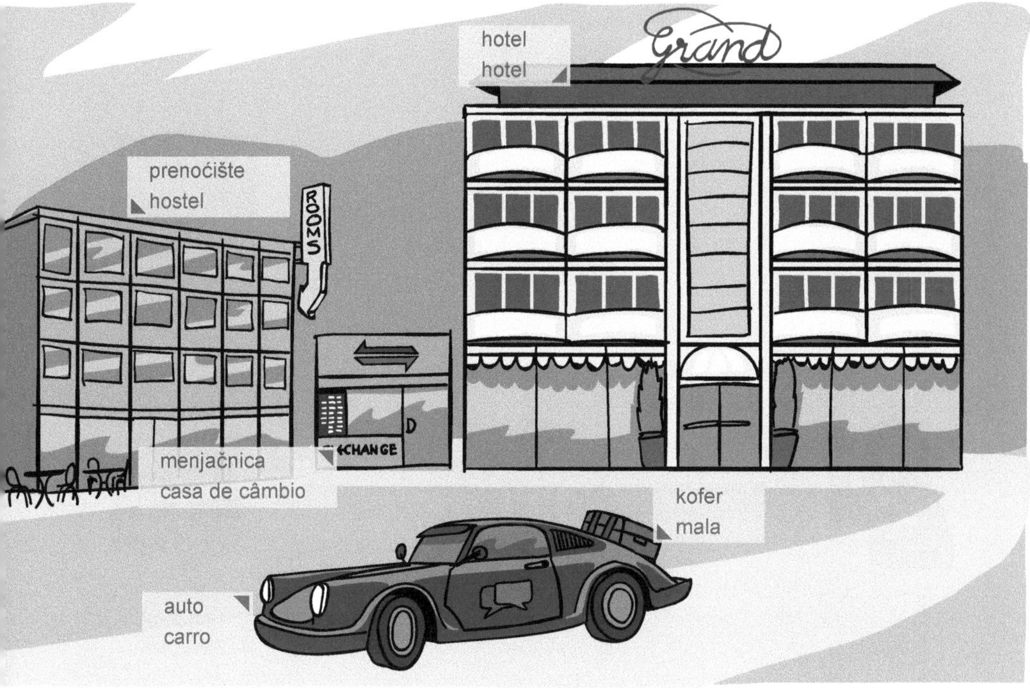

jezik
idioma

da / ne
sim / não

okej
ok / certo / correto

zdravo
olá

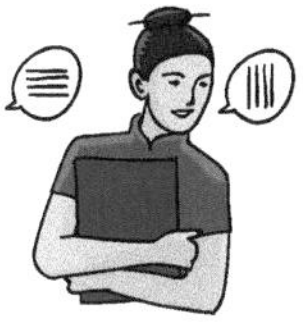

prevodilac
intérprete

hvala
obrigado

Koliko košta...?

quanto é que custa... ?

ne razumem

não entendo

problem

problema

dobro veče!

boa noite!

Dobro jutro!

Bom dia!

Laku noć!

Boa noite!

doviđenja

adeus

smer

direção

prtljaga

bagagem

torba

saco

ruksak

mochila

gost

convidado

soba

quarto

vreća za spavanje

saco-cama

šator

tenda

turističke informacije
informação turística

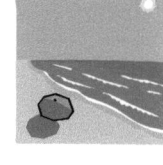

plaža
praia

kreditna kartica
cartão de crédito

doručak
pequeno-almoço

ručak
almoço

večera
jantar

karta za vožnju
bilhete

lift
elevador

poštanska markica
selo postal

granica
fronteira

carina
alfândega

ambasada
embaixada

viza
visto

pasoš
passaporte

transport
transporte

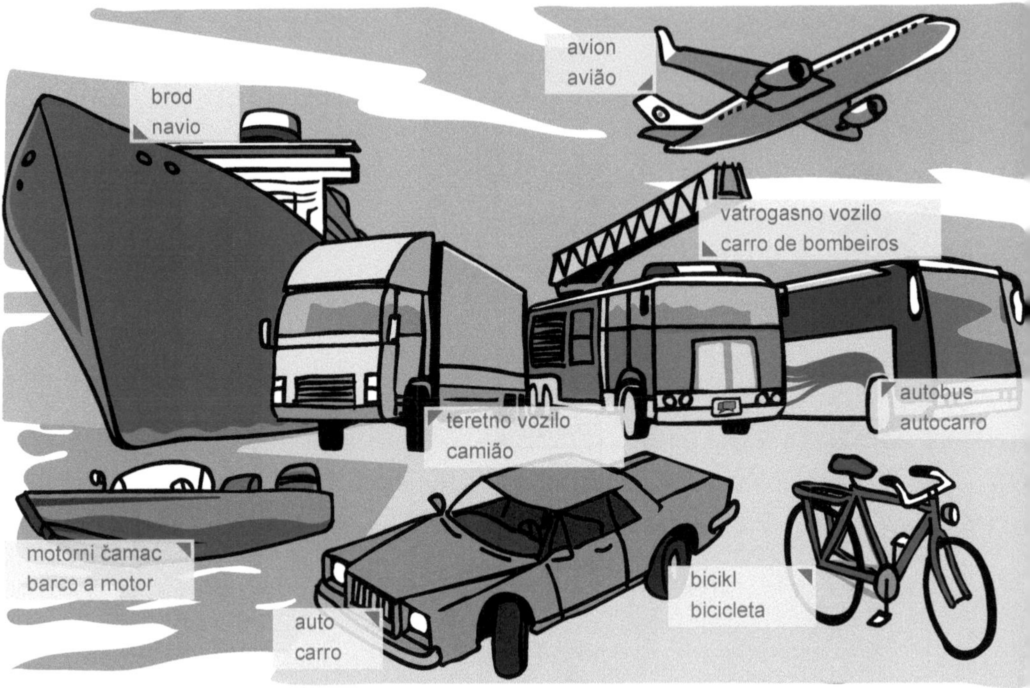
avion
avião
brod
navio
vatrogasno vozilo
carro de bombeiros
autobus
autocarro
teretno vozilo
camião
motorni čamac
barco a motor
bicikl
bicicleta
auto
carro

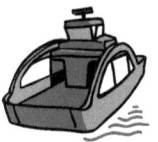

trajekt

cacilheiro

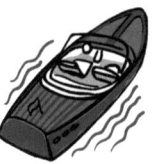

čamac

barco

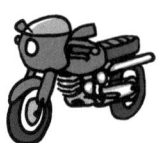

motocikl

mota

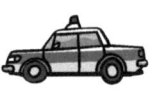

policijski auto

carro de polícia

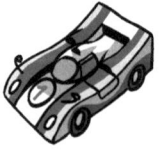

trkaći auto

carro de corrida

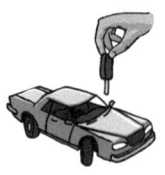

iznajmljeno auto

carro alugado

delenje automobila

carsharing

vučno vozilo

camião de reboque

vozilo za odvoz smeća

camião do lixo

motor

motor

benzin

combustível

benzinska stanica

estação de serviço

saobraćajni znak

sinal de trânsito

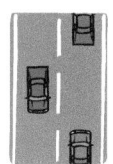

saobraćaj

trânsito

zastoj

congestionamento de
trânsito

parkiralište

parque de estacionamento

železnička stanica

estação ferroviária

šine

carris

voz

comboio

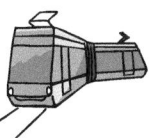

tramvaj

elétrico

vagon

carruagem

helikopter

helicóptero

aerodrom

aeroporto

kula

torre

putnik

passageiro

kontejner

contentor

karton

caixa de papelão

kolica

carrinho

korpa

cesto

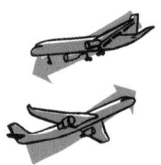

uzleteti / sleteti

levantar voo / aterrar

grad
cidade

selo

aldeia

centar grada

centro da cidade

kuća

casa

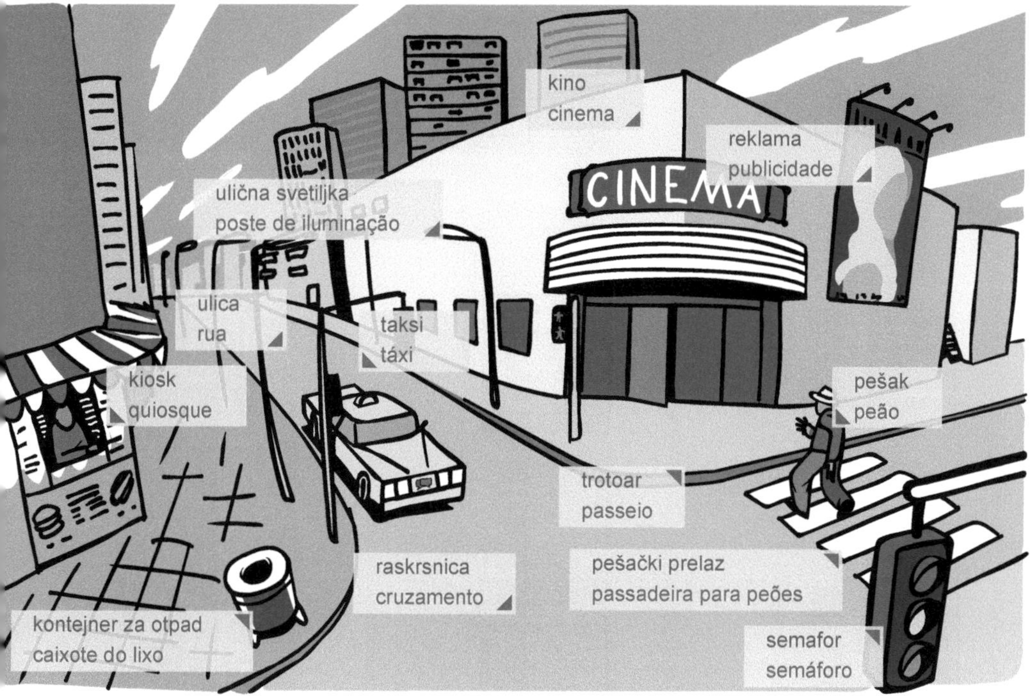

kino
cinema
CINEMA
reklama
publicidade
ulična svetiljka
poste de iluminação
ulica
rua
taksi
táxi
kiosk
quiosque
pešak
peão
trotoar
passeio
raskrsnica
cruzamento
pešački prelaz
passadeira para peões
kontejner za otpad
caixote do lixo
semafor
semáforo

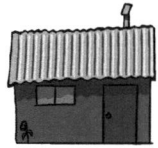

koliba

cabana

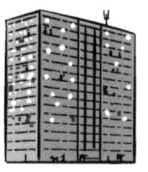

stan

apartamento

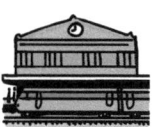

železnička stanica

estação ferroviária

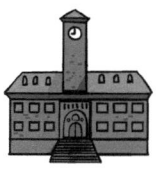

većnica

câmara municipal

MUSEUM

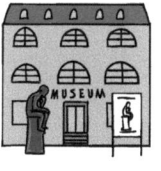

muzej

museu

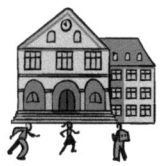

škola

escola

univerzitet

universidade

banka

banco

bolnica

hospital

hotel

hotel

apoteka

farmácia

kancelarija

escritório

knjižara

livraria

prodavnica

loja

cvećara

florista

supermarket

supermercado

trg

mercado

robna kuća

loja de departamentos

ribarnica

peixaria

trgovački centar

centro comercial

luka

porto

park
parque

klupa
banco

most
ponte

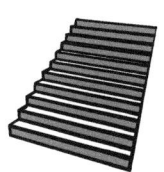

stepenice
escadas

podzemna železnica
metro

tunel
túnel

autobuska stanica
paragem de autocarro

bar
bar

restoran
restaurante

poštansko sanduče
caixa de correio

ulični znak
sinal de trânsito

parkirni automat
parquímetro

zoološki vrt
jardim zoológico

bazen
piscina

džamija
mesquita

seosko gazdinstvo
....
quinta

zagađenje okoline
....
poluição

groblje
....
cemitério

crkva
....
igreja

igralište
....
parque infantil

hram
....
templo

pejsaž
paisagem

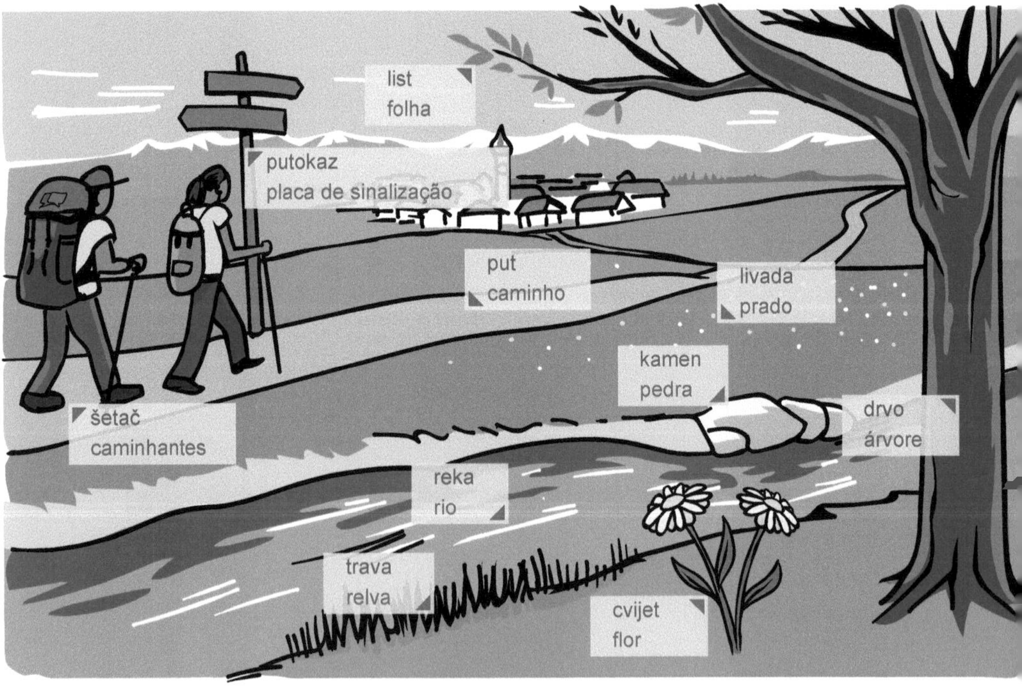

list
folha

putokaz
placa de sinalização

put
caminho

livada
prado

kamen
pedra

drvo
árvore

šetač
caminhantes

reka
rio

trava
relva

cvijet
flor

dolina
vale

planina
montanha

jezero
lago

šuma
floresta

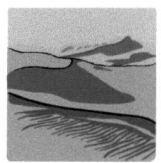

pustinja
deserto

vulkan
vulcão

dvorac
castelo

duga
arco-íris

gljiva
cogumelo

palma
palma

moskito
mosquito

muva
mosca

mrav
formiga

pčela
abelha

pauk
aranha

buba
besouro

žaba
sapo

veverica
esquilo

jež
ouriço

zec
lebre

sova
coruja

ptica
pássaro

labud
cisne

divlja svinja
javali

jelen
veado

los
alce

nasip
barragem

vetrenjača
turbina eólica

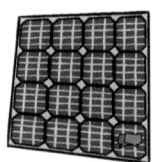

solarna ploča
painel solar

klima
clima

restoran
restaurante

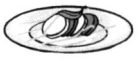

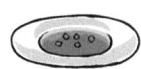

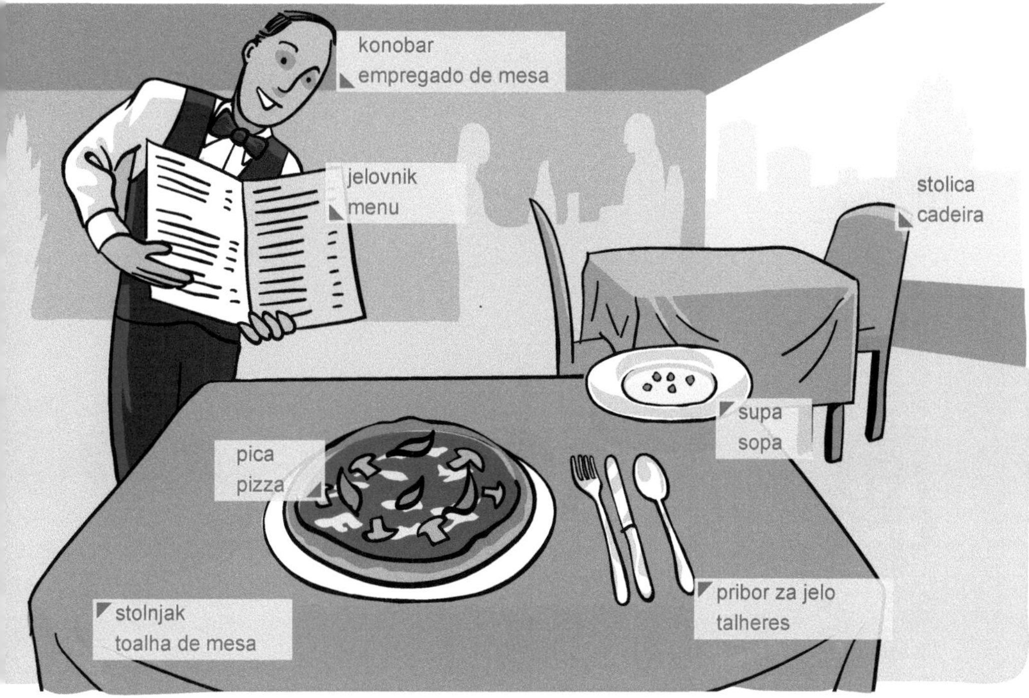
konobar
empregado de mesa
jelovnik
menu
stolica
cadeira
supa
sopa
pica
pizza
pribor za jelo
talheres
stolnjak
toalha de mesa

predjelo

entrada

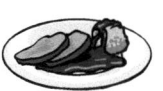

glavno jelo

prato principal

desert

sobremesa

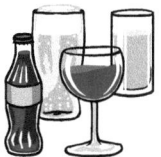

napitci

bebidas

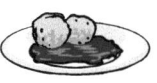

jelo

comida

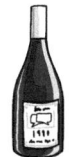

flaša

garrafa

brza hrana

fast food

imbis hrana

comida de rua

čajnik

bule de chá

doza za šećer

açucareiro

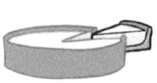

porcija

porção

aparat za espresso

máquina de café expresso

visoka stolica

cadeira alta

račun

conta

poslužavnik

bandeja

nož

faca

viljuška

garfo

kašika

colher

čajna kašika

colher de chá

salveta

guardanapo

čaša

copo

tanjir
prato

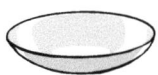

tanjir za supu
prato de sopa

tanjirić
pires

sos
molho

soljenka
saleiro

mlin za biber
moinho de pimenta

sirće
vinagre

ulje
óleo

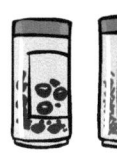

začini
especiarias

kečap
ketchup

senf
mostarda

majoneza
maionese

supermarket
supermercado

ponuda
oferta especial
FOR
kupac
cliente
mlečni proizvodi
laticínios
voće
fruta
kolica za kupovinu
carrinho de compras

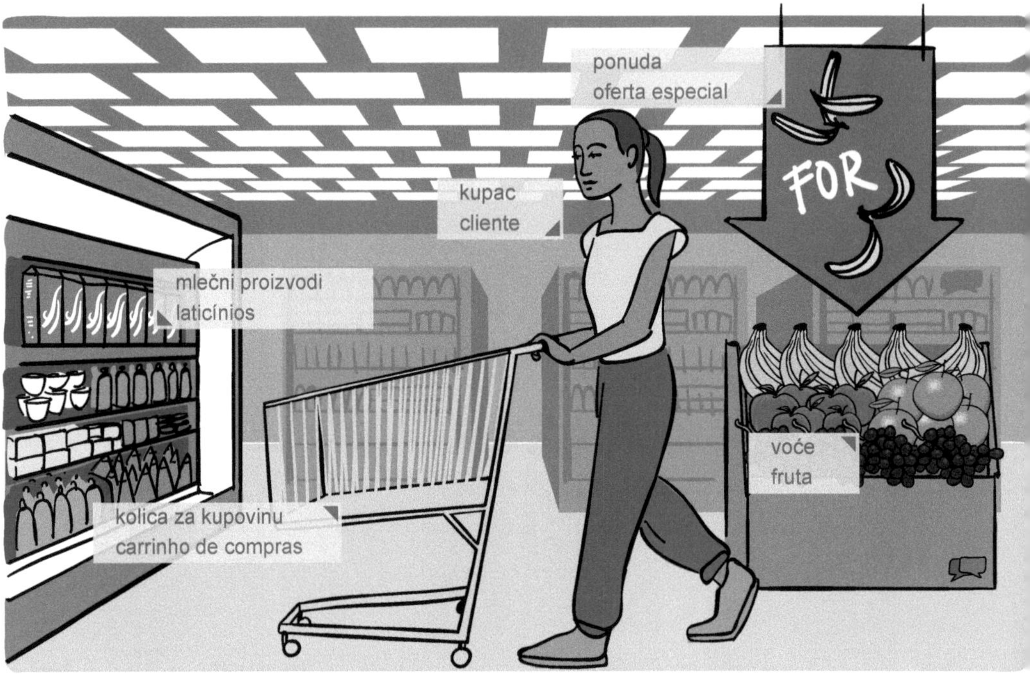

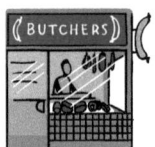

BUTCHERS

mesnica

talho

BAKERY

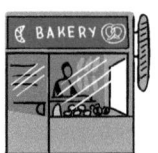

pekara

padaria

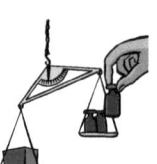

vagati

pesar

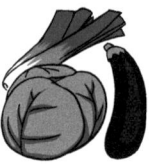

povrće

vegetais

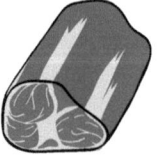

meso

carne

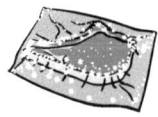

smrznuta hrana

alimentos congelados

narezak

charcutaria

konzerve

comida enlatada

sredstvo za pranje

detergente em pó

slatkiši

doces

artikli za domaćinstvo

artigos domésticos

sredstva za čišćenje

produtos de limpeza

prodavačica

vendedora

blagajna

caixa

blagajnik

caixa

lista za kupovinu

lista de compras

vreme rada

horário de funcionamento

novčanik

carteira

kreditna kartica

cartão de crédito

torba

saco

plastična kesa

saco de plástico

voda
água

sok
sumo

mleko
leite

kola
coca-cola

vino
vinho

pivo
cerveja

alkohol
álcool

kakao
cacau

čaj
chá

kava
café

espresso
café expresso

cappuccino
capuccino

banana

banana

jabuka

maçã

narandža

laranja

lubenica

melão

limun

limão

šargarepa

cenoura

beli luk

alho

bambus

bambu

luk

cebola

gljiva

cogumelo

orašasti plodovi

nozes

rezanci

talharim

špagete

esparguete

riža

arroz

salata

salada

pomfrit

batatas fritas

pečeni krumpir

batatas fritas

pica

pizza

hamburger

hambúrguer

sendvič

sanduíche

šnicla

bife panado

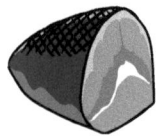

šunka

fiambre

salama

salame

kobasica

salsicha

kokoš

galinha

pečenje

assado

riba

peixe

zobene pahuljice

flocos de aveia

musli

muesli

kukuruzne pahuljice

flocos de milho

brašno

farinha

kroasan

croissant

pecivo

carcaça (pãozinho)

hleb

pão

toast

torrada

keksi

biscoitos

maslac

manteiga

sveži sir

requeijão

kolač

bolo

jaje

ovo

jaje na oko

ovo estrelado

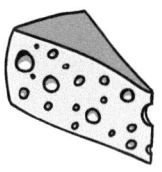

sir

queijo

sladoled
....
gelado

šećer
....
açúcar

med
....
mel

marmelada
....
compota

nugat krema
....
creme de nougat

kari
....
caril

seosko gazdinstvo
quinta

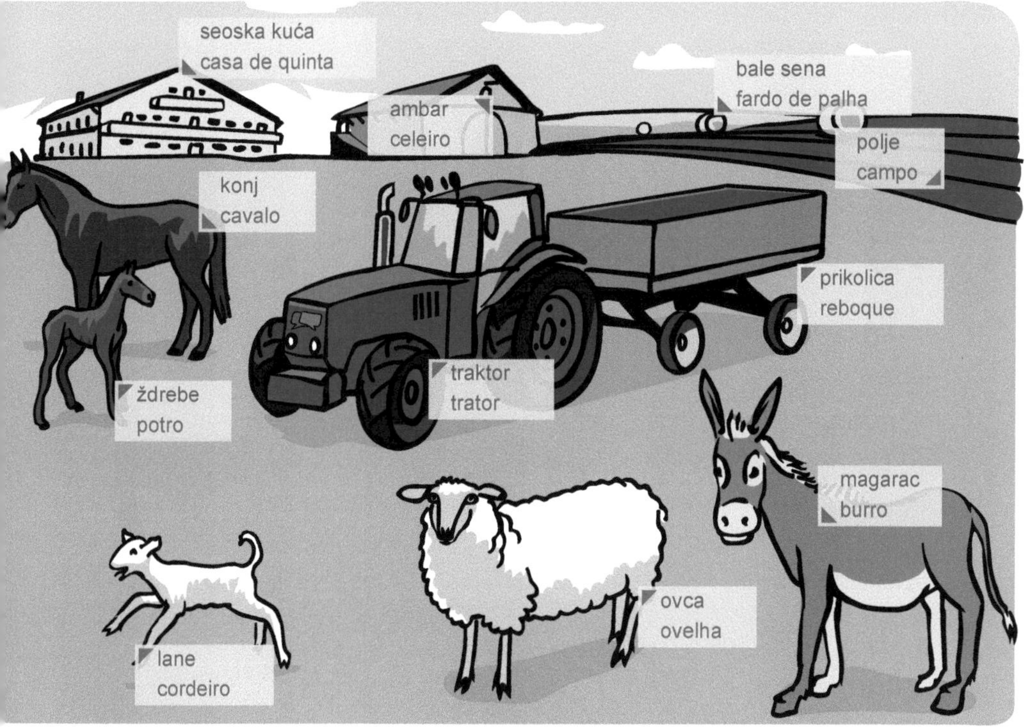
seoska kuća
casa de quinta
ambar
celeiro
bale sena
fardo de palha
polje
campo
konj
cavalo
prikolica
reboque
traktor
trator
ždrebe
potro
magarac
burro
ovca
ovelha
lane
cordeiro

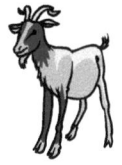

koza
cabra

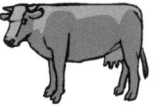

krava
vaca

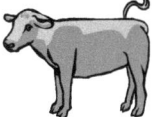

tele
bezerro

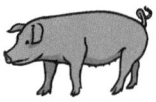

svinja
porco

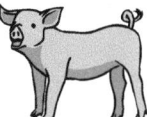

prase
leitão

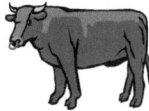

bik
touro

guska

ganso

patka

pato

pilići

pintaínho

kokoš

galinha

petao

galo

pacov

ratazana

mačka

gato

miš

rato

vol

boi

pas

cão

kućica za psa

casota

vrtno crevo

mangueira de jardim

kanta za polivanje

regador

kosa

foice

plug

arado

srp

foice

motika

enxada

viljuška za đubrivo

forquilha

sekira

machado

tačke

carrinho de mão

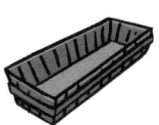

korito

manjedoura

posuda za mleko

jarro de leite

vreća

saco

ograda

cerca

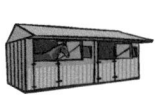

štala

estábulo

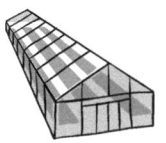

staklenik

estufa

zemlja

solo

seme

semente

đubrivo

fertilizante

kombajn

ceifeira-debulhadora

žeti
colher

žetva
colheita

jams začin
inhame

pšenica
trigo

soja
soja

krumpir
batata

kukuruz
milho

uljana repica
colza

voćka
árvore de fruto

gomolj manioke
mandioca

žitarice
cereais

kuća

casa

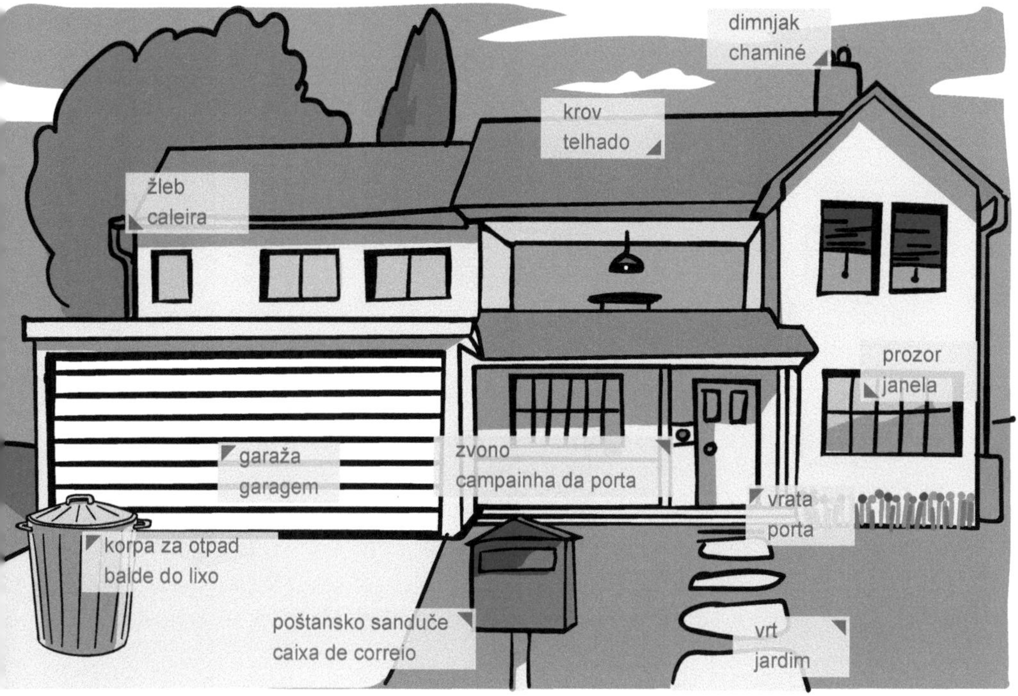
dimnjak
chaminé
krov
telhado
žleb
caleira
prozor
janela
garaža
garagem
zvono
campainha da porta
vrata
porta
korpa za otpad
balde do lixo
poštansko sanduče
caixa de correio
vrt
jardim

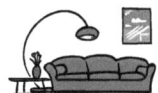

dnevna soba
sala de estar

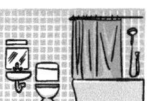

kupaonica
casa de banho

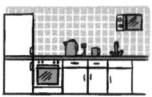

kuhinja
cozinha

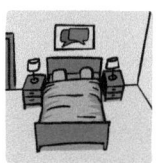

spavaća soba
quarto de dormir

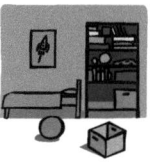

dečija soba
quarto de criança

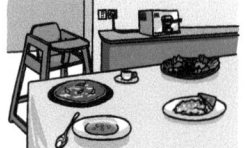

trpezarija
sala de jantar

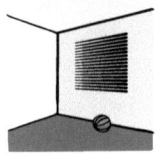

pod

chão

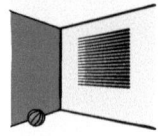

zid

parede

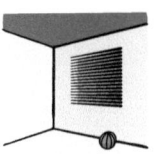

strop

teto

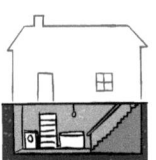

podrum

cave

sauna

sauna

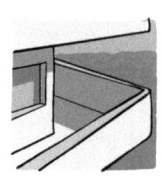

balkon

varanda

terasa

terraço

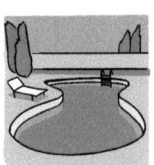

bazen

piscina

kosilica za travu

máquina de cortar relvado

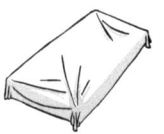

posteljina za krevet

lençol

deka za krevet

cobertor

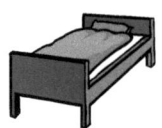

krevet

cama

metla

vassoura

kanta

balde

prekidač

interruptor

dnevna soba
sala de estar

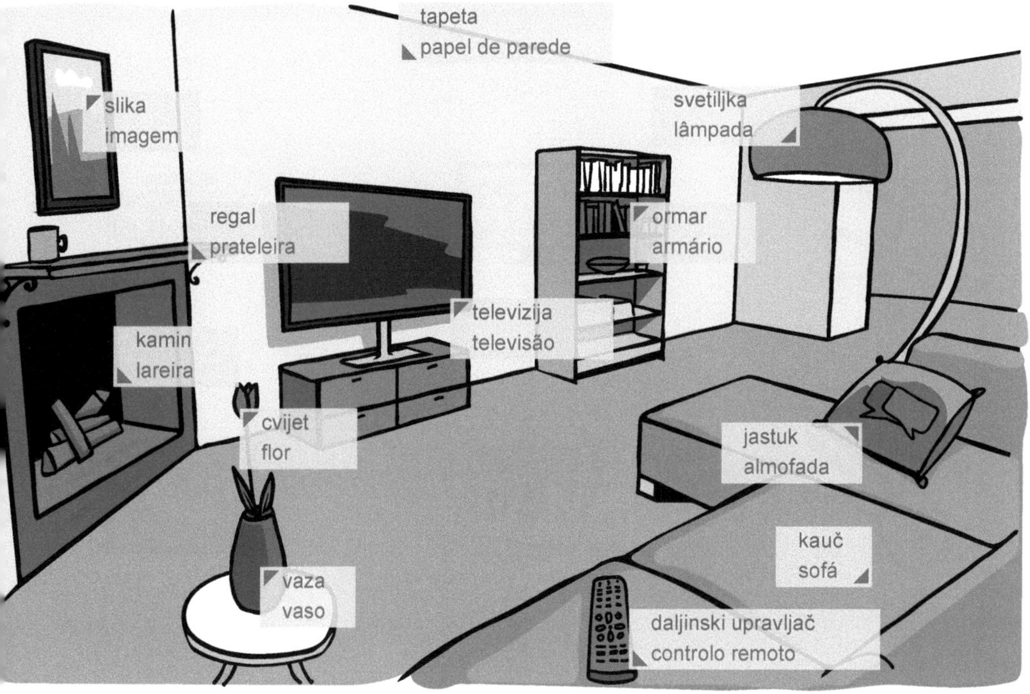

tapeta
papel de parede
slika
imagem
svetiljka
lâmpada
regal
prateleira
ormar
armário
televizija
televisão
kamin
lareira
cvijet
flor
jastuk
almofada
kauč
sofá
vaza
vaso
daljinski upravljač
controlo remoto

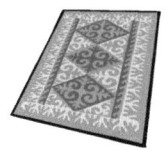

tepih

tapete

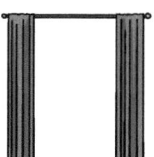

zavesa

cortina

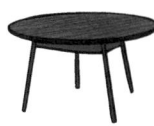

sto

mesa

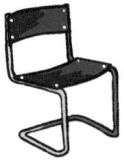

stolica

cadeira

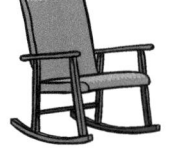

stolica za njihanje

cadeira de baloiço

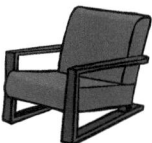

fotelja

poltrona

knjiga

livro

deka

cobertor

dekoracija

decoração

drvo za ogrev

lenha

film

filme

hi-fi uređaj

sistema estéreo

ključ

chave

novine

jornal

slika na platnu

pintura

poster

póster

radio

rádio

blok za pisanje

bloco de notas

usisivač

aspirador

kaktus

cato

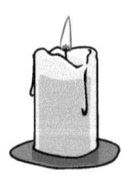

sveća

vela

kuhinja
cozinha

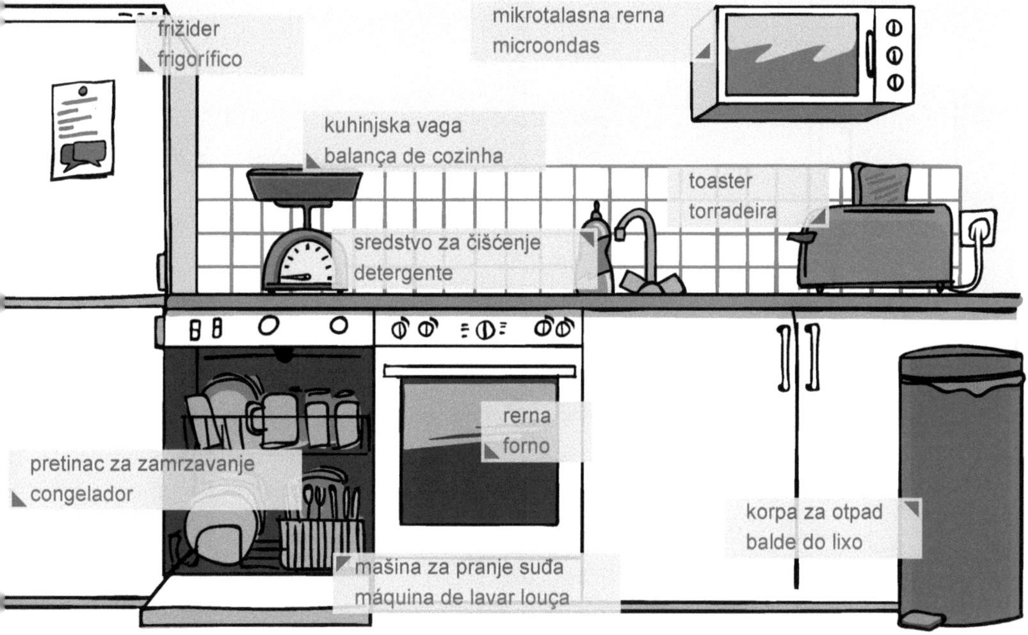

frižider
frigorífico
mikrotalasna rerna
microondas
kuhinjska vaga
balança de cozinha
toaster
torradeira
sredstvo za čišćenje
detergente
rerna
forno
pretinac za zamrzavanje
congelador
korpa za otpad
balde do lixo
mašina za pranje suđa
máquina de lavar louça

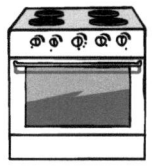

šporet

fogão

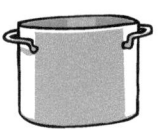

lonac

panela

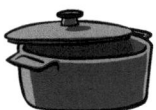

gvozdeni lonac

panela de ferro

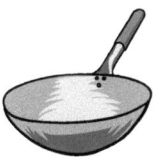

wok / kadai

wok / kadai

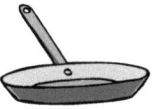

tava

frigideira

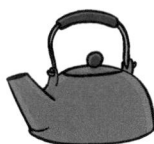

kuvalo za vodu

chaleira

kuvalo na paru

panela a vapor

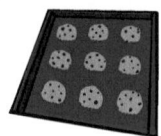

lim za pečenje

tabuleiro de forno

posuđe

louça

čaša

caneca

posuda

tigela

štapići za jelo

pauzinhos

kutlača

concha de sopa

lopatica

espátula

penjača

batedor de claras

sito za kuvanje

escorredor

sito

peneira

ribež

ralador

mužar

almofariz

roštilj

churrasqueira

ognjište

lareira

daska
tábua de cortar

oklagija
rolo da massa

vadičep
saca-rolhas

konzerva
lata

otvarač konzervi
abridor de latas

krpa za lonac
luvas de forno

sudoper
lava-loiça

četka
escova

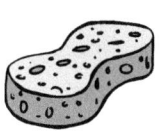

sunđer
esponja

mikser
liquidificador

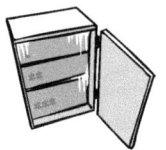

zamrzivač
arca frigorífica

flašica za bebe
biberão

slavina za vodu
torneira

kupaonica
casa de banho

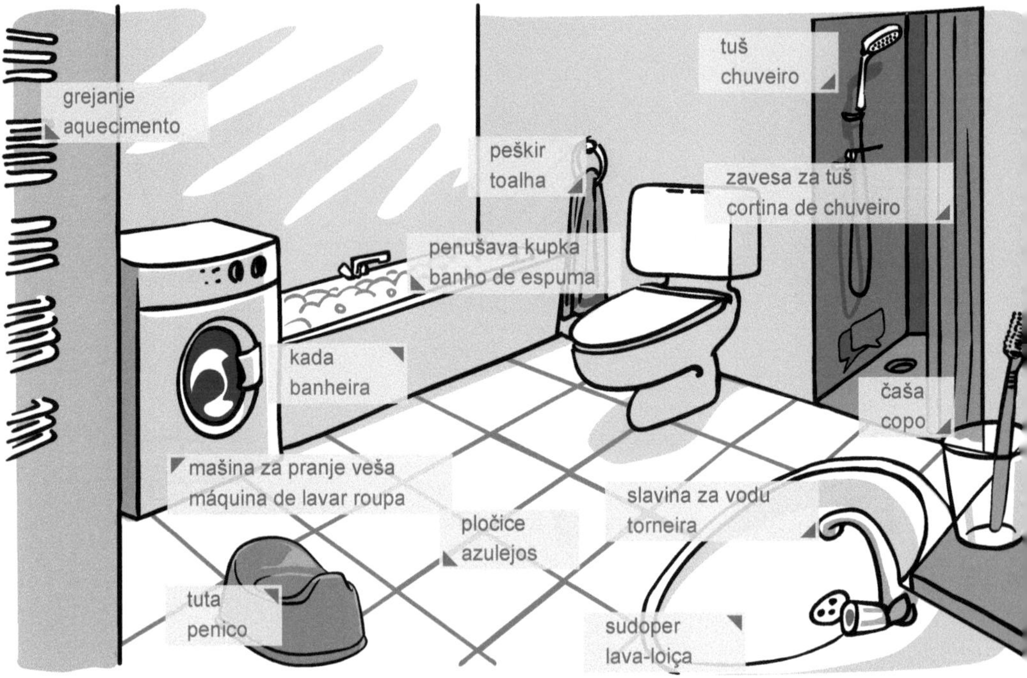

grejanje
aquecimento
peškir
toalha
tuš
chuveiro
zavesa za tuš
cortina de chuveiro
penušava kupka
banho de espuma
kada
banheira
čaša
copo
mašina za pranje veša
máquina de lavar roupa
pločice
azulejos
slavina za vodu
torneira
tuta
penico
sudoper
lava-loiça

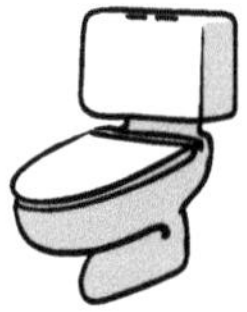

toalet

sanita

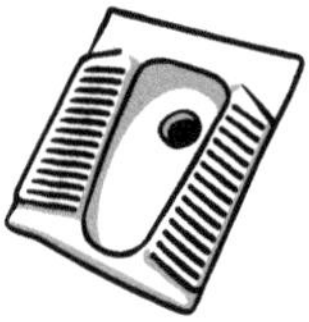

čučavac

retrete turca

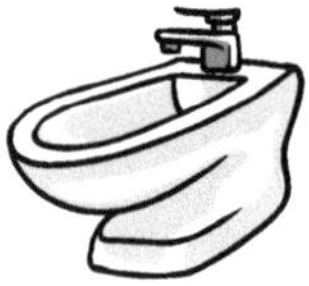

bidet

bidé

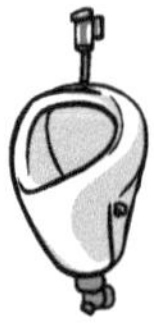

pisoar

urinol

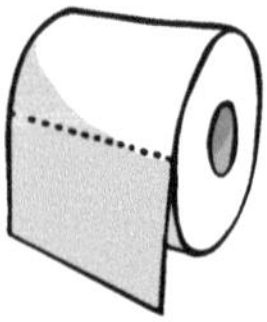

toaletni papir

papel higiénico

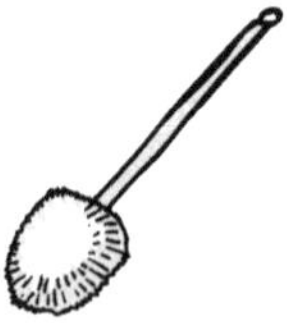

četka za toalet

piaçaba

četkica za zube

escova de dentes

pasta za zube

pasta de dentes

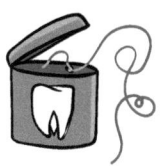

konac za zube

fio dentário

prati

lavar

tuš ručica

chuveiro de mão

tuš za pranje intimnih delova

duche íntimo

lavor

bacia

četka za pranje leđa

escova para as costas

sapun

sabonete

gel za tuširanje

gel de banho

šampon

champô

krpa za pranje

toalha de rosto

odvod

escoamento

krema

creme

dezodorans

desodorizante

ogledalo

espelho

kozmetičko ogledalo

espelho de mão

brijač

máquina de barbear

pena za brijanje

creme de barbear

losion za posle brijanja

loção pós-barba

češalj

pente

četka

escova

fen za kosu

secador de cabelo

sprej za kosu

spray de cabelo

makeup

maquilhagem

ruž za usne

batom

lak za nokte

verniz de unhas

vata

algodão

makaze za nokte

tesoura para unhas

parfem

perfume

kozmetička torbica

nécessaire

stolica

tamborete

vaga

balança

ogrtač

roupão de banho

rukavice za čišćenje

luvas de borracha

tampon

tampão

uložak

penso higiénico

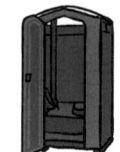

hemijski toalet

WC químico

dečija soba

quarto de criança

budilnik
despertador
plišana igračka
peluche
auto igračka
carro de brincar
zvečka
chocalho
kućica za lutke
casa de bonecas
poklon
presente

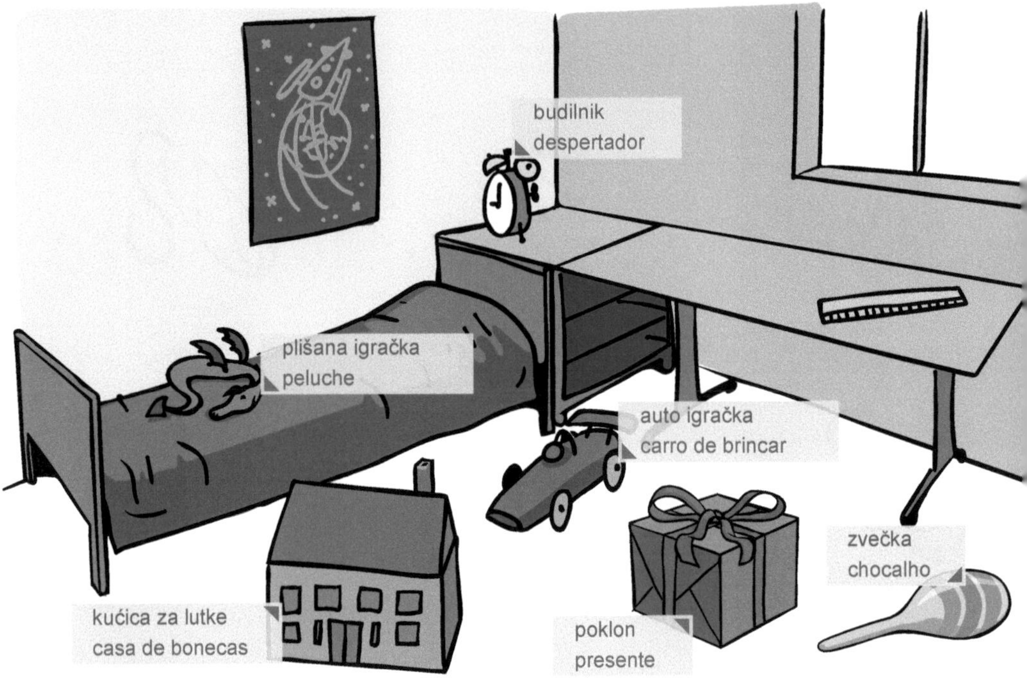

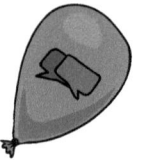

balon

balão

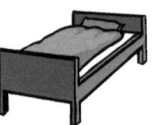

krevet

cama

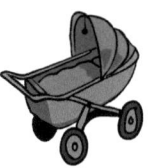

dječija kolica

carrinho de bebé

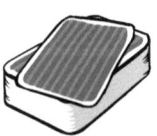

igra s kartama

jogo de cartas

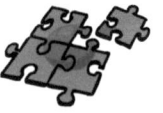

slagalica

quebra-cabeças

SUPER
MEGA

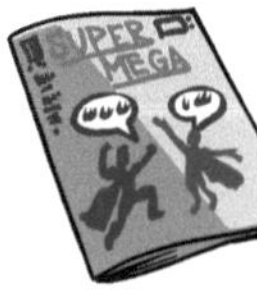

strip

banda desenhada

lego kockice

peças de Lego

kockice za slaganje

blocos de construção

akcioni junak

figura de ação

benkica za bebe

fato de bebé

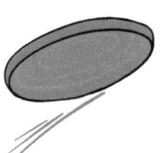

frizbi

Frisbee

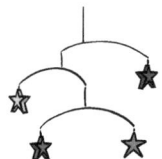

viseće igračke

móbile para bebé

društvene igre

jogo de tabuleiro

kocka

dados

minijaturna željeznica

pista de comboio elétrico

duda

chupeta

zabava

festa

slikovnica

livro ilustrado

lopta

bola

lutka

boneca

igrati

jogar

pješčanik

caixa de areia

ljuljačka

baloiço

igračka

brinquedos

konzola za igre

consola de jogos

tricikl

triciclo

tedi

ursinho de peluche

ormar

guarda-roupa

odeća

vestuário

kratke čarape

meias

čarape

meias pelo joelho

hulahopke

meias-calças

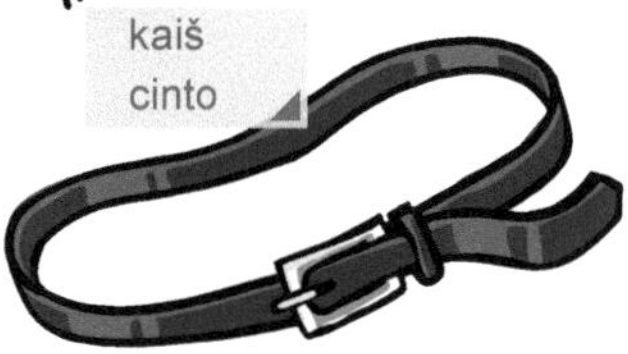

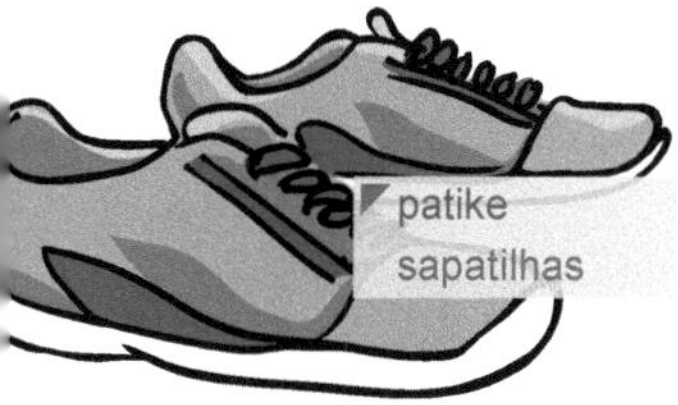

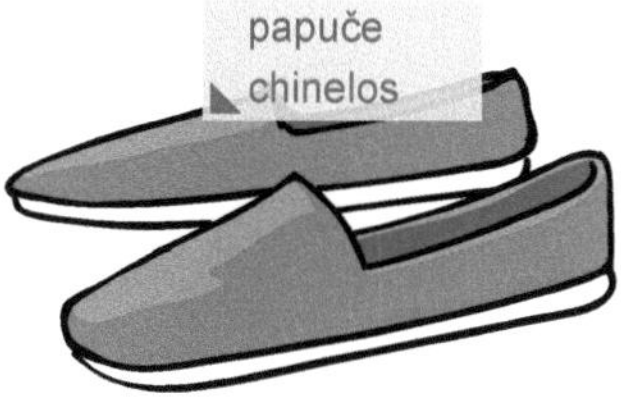

šal
cachecol

kišobran
guarda-chuva

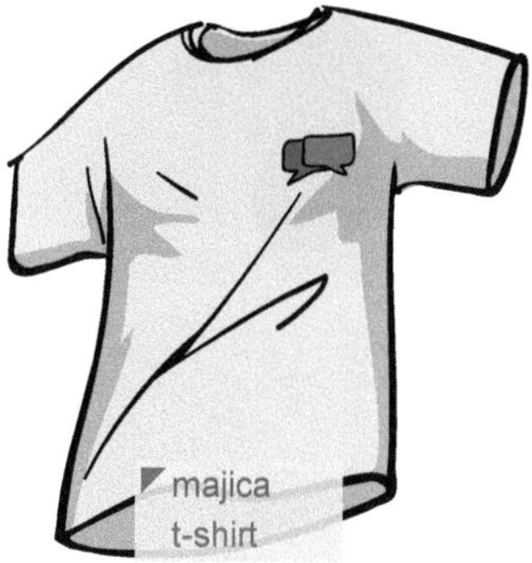

kaiš
cinto

majica
t-shirt

čizme
botas

papuče
chinelos

patike
sapatilhas

sandale
....
sandálias

cipele
....
sapatos

gumene čizme
....
botas de borracha

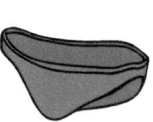

gaćice
....
cuecas

grudnjak
....
sutiã

potkošulja
....
camisola interior

bodi
....
body

pantalone
....
calças

farmerke
....
calças de ganga

suknja
....
saia

bluza
....
blusa

košulja
....
camisa

džemper
....
pulôver

džemper s kapuljačom
....
camisola com capuz

sako
....
blazer

jakna
....
casaco

kaput
....
manto

kabanica
....
gabardina

kostim
....
traje

haljina
....
vestido

venčanica
....
vestido de casamento

odelo
....
fato

spavaćica
....
camisa de dormir

pidžama
....
pijama

sari
....
sari

marama za glavu
....
lenço de cabeça

turban
....
turbante

burka
....
burca

kaftan
....
cafetã

abaja
....
abaya

kupaći kostim
....
fato de banho

kupaće gaćice
....
calções de banho

kratke pantalone
....
calções

odeća za trening
....
fato de treino

kecelja
....
avental

rukavice
....
luvas

dugme

botão

naočare

óculos

narukvica

pulseira

ogrlica

colar

prsten

anel

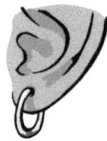

naušnica

brinco

kapa

boné

vešalica

cabide

šešir

chapéu

kravata

gravata

patent zatvarač

fecho de correr

kaciga

capacete

naramenice

suspensórios

školska uniforma

uniforme escolar

uniforma

uniforme

odeća - vestuário

podbradak
....
babete

duda
....
chupeta

pelena
....
fralda

kancelarija
escritório

server
servidor

ormar za spise
armário de arquivo

štampač
impressora

papir
papel

monitor
ecrã

miš
rato

pisaći stol
secretária

mapa
pasta

tastatura
teclado

košara za papir
cesto de lixo

stolica
cadeira

kompjuter
computador

šalica za kavu
....
caneca de café

kalkulator
....
calculadora

internet
....
internet

laptop

computador portátil

pismo

carta

poruka

mensagem

mobilni telefon

telemóvel

mreža

rede

uređaj za kopiranje

fotocopiadora

softver

software

telefon

telefone

utičnica

tomada elétrica

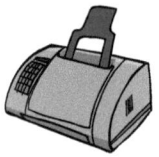

faks

fax

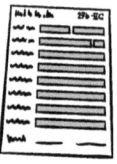

formular

formulário

dokument

documento

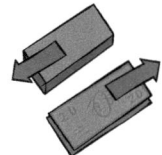

kupovati

comprar

platiti

pagar

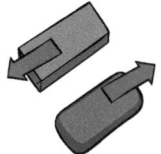

trgovati

negociar

novac

dinheiro

dolar

dólar

evro

euro

jen

yen

rublja

rublo

švajcarski franak

franco suíço

renmindbi juan

renminbi yuan

rupija

rupia

automat za novac

caixa de multibanco

menjačnica

casa de câmbio

zlato

ouro

srebro

prata

nafta

petróleo

energija

energia

cena

preço

ugovor

contrato

porez

imposto

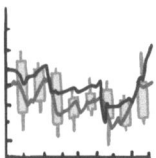

deonica

ação

raditi

trabalhar

službenik

empregado

poslodavac

entidade patronal

fabrika

fábrica

prodavnica

loja

zanimanja
profissões

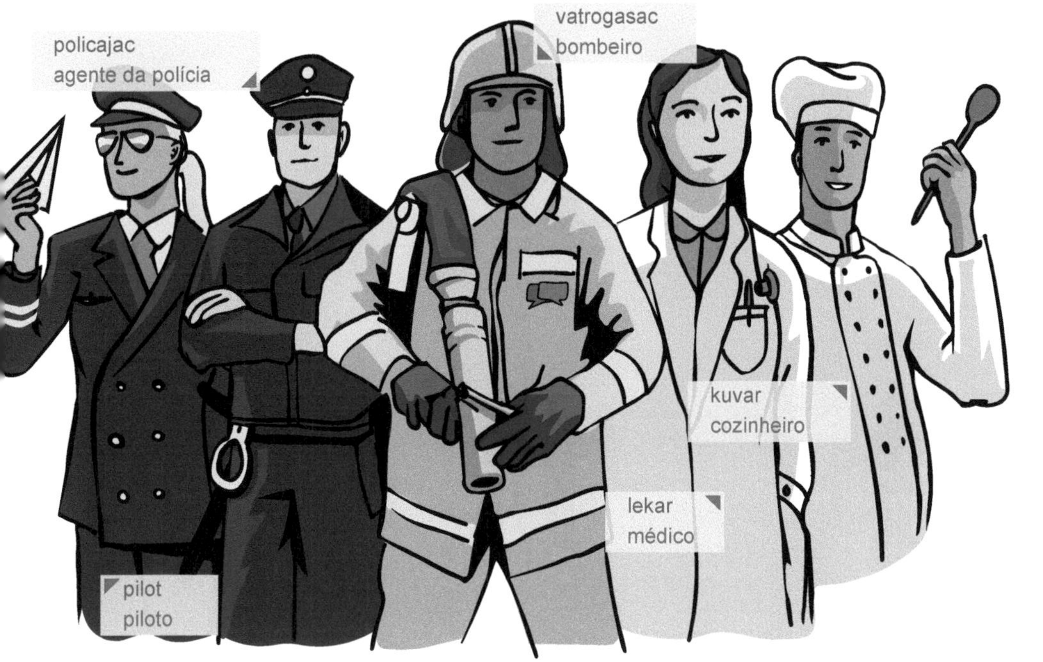
policajac
agente da polícia
vatrogasac
bombeiro
kuvar
cozinheiro
lekar
médico
pilot
piloto

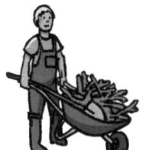

vrtlar

jardineiro

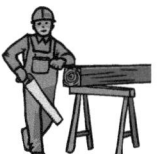

stolar

carpinteiro

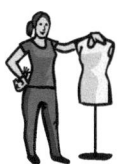

krojačica

costureira

sudija

juiz

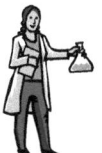

hemičar

químico

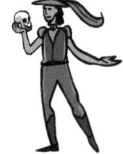

glumac

ator

vozač autobusa

motorista de autocarro

vozač taksija

motorista de táxi

ribar

pescador

čistačica

empregada de limpeza

krovopokrivač

telhador

konobar

empregado de mesa

lovac

caçador

slikar

pintor

pekar

padeiro

električar

eletricista

građevinski radnik

construtor

inženjer

engenheiro

mesar

talhante

limar

canalizador

poštar

carteiro

vojnik

soldado

arhitekta

arquiteto

blagajnik

caixa

cvećar

florista

frizer

cabeleireiro

kondukter

controlador de bilhetes

mehaničar

mecânico

kapetan

capitão

zubar

dentista

naučnik

cientista

rabi

rabino

imam

imã

monah

monge

svećenik

pastor

alati
ferramentas

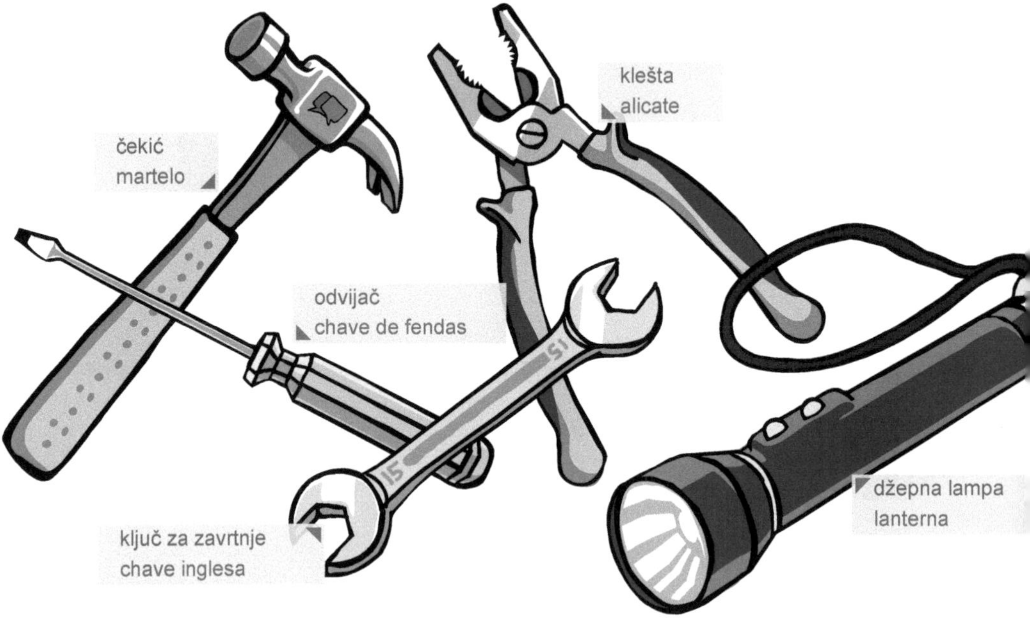
klešta
alicate
čekić
martelo
odvijač
chave de fendas
ključ za zavrtnje
chave inglesa
džepna lampa
lanterna

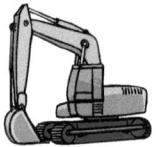

bager

escavadora

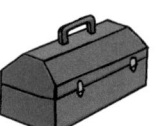

kutija za alat

caixa de ferramentas

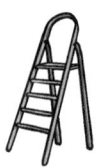

merdevine

escadote

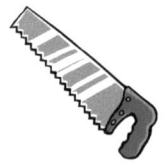

pila

serra

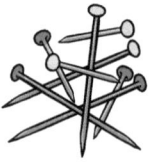

ekser

pregos

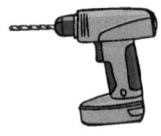

bušilica

broca

popraviti

reparar

lopata

pá

do đavola!

porcaria!

lopatica

pá de lixo

lonac za boju

pote de tinta

zavrtanji

parafusos

muzički instrument
instrumentos musicais

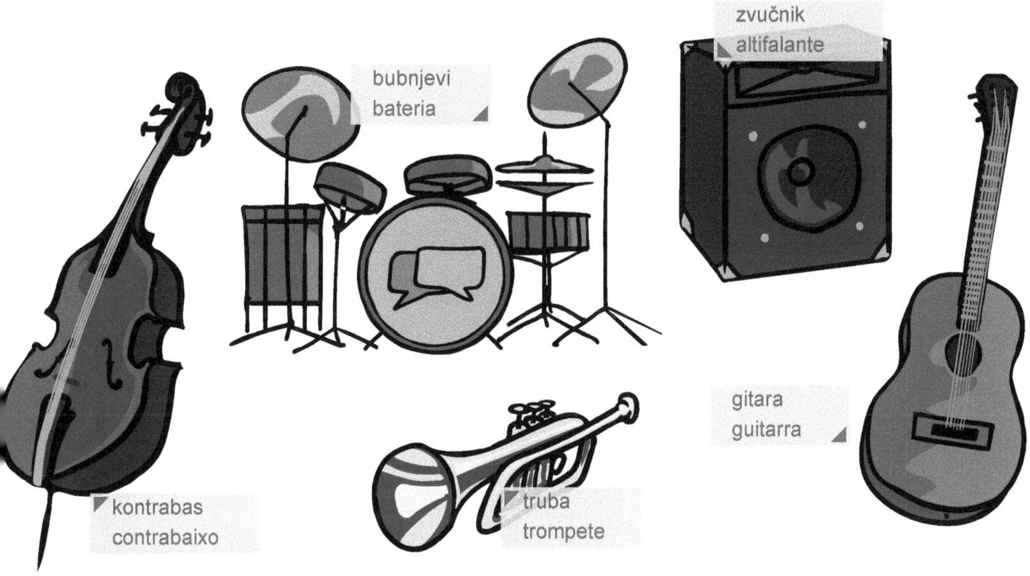

zvučnik
altifalante

bubnjevi
bateria

gitara
guitarra

kontrabas
contrabaixo

truba
trompete

klavir

piano

violina

violino

bas

baixo

timpani

timbales

udaraljke za bubnjeve

tambor

tipke klavira

teclado

saksofon

saxofone

flauta

flauta

mikrofon

microfone

zoološki vrt
jardim zoológico

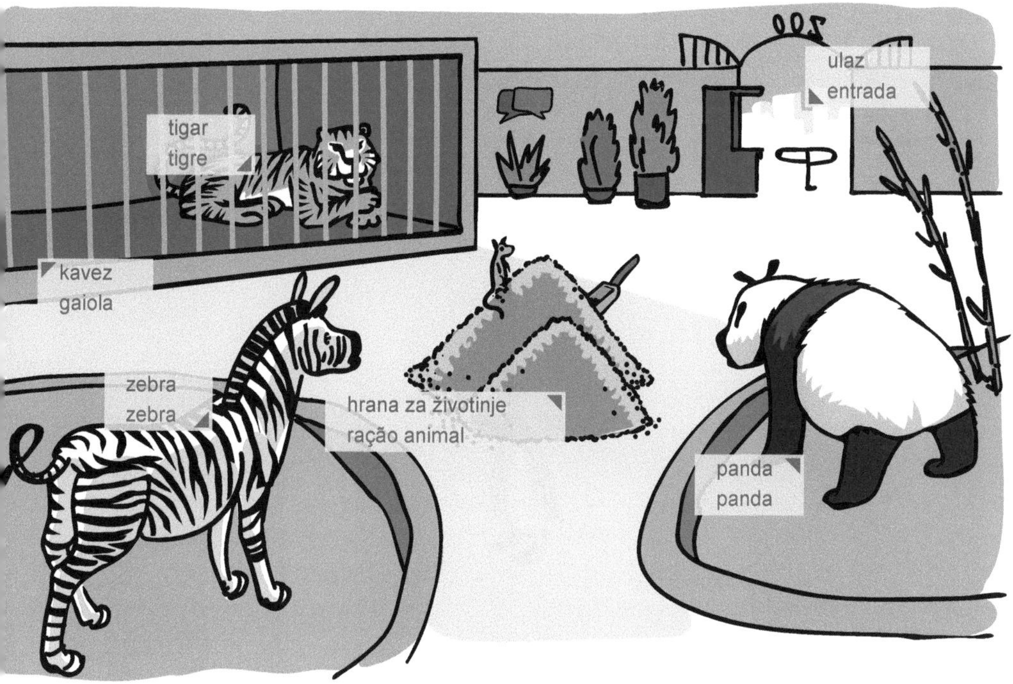
ulaz
entrada
tigar
tigre
kavez
gaiola
zebra
zebra
hrana za životinje
ração animal
panda
panda

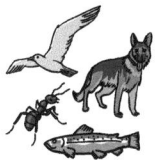

životinje

animais

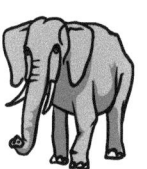

slon

elefante

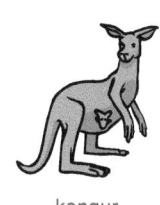

kengur

canguru

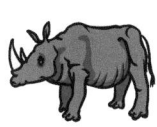

nosorog

rinoceronte

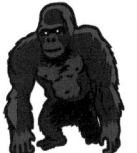

gorila

gorila

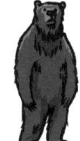

medved

urso

kamila	noj	lav
camelo	avestruz	leão

majmun	flamingo	papagaj
macaco	flamingo	papagaio

polarni medved	pingvin	ajkula
urso polar	pinguim	tubarão

paun	zmija	krokodil
pavão	cobra	crocodilo

čuvar u zoološkom vrtu	tuljan	jaguar
guarda do jardim zoológico	foca	jaguar

poni

pónei

leopard

leopardo

nilski konj

hipopótamo

žirafa

girafa

orao

águia

divlja svinja

javali

riba

peixe

kornjača

tartaruga

morž

morsa

lisica

raposa

gazela

gazela

američki nogomet
futebol americano

biciklizam
ciclismo

tenis
ténis

košarka
basquetebol

plivanje
natação

boks
boxe

hokej na ledu
hóquei no gelo

fudbal
futebol

badminton
badminton

atletika
atletismo

rukomet
andebol

skijanje
esqui

polo
polo

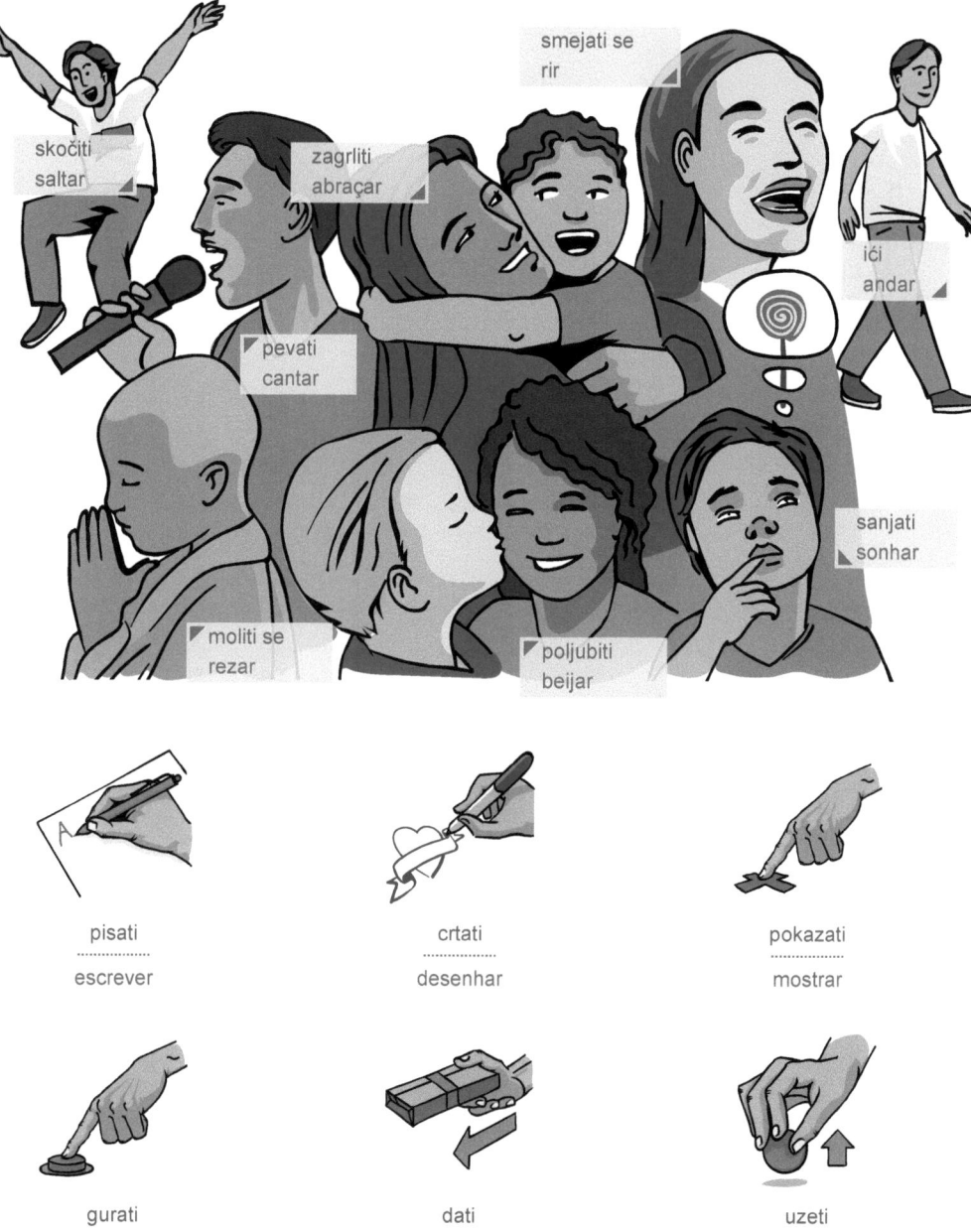

skočiti
saltar

zagrliti
abraçar

smejati se
rir

ići
andar

pevati
cantar

moliti se
rezar

poljubiti
beijar

sanjati
sonhar

pisati
escrever

crtati
desenhar

pokazati
mostrar

gurati
empurrar

dati
dar

uzeti
tomar

imati

ter

činiti

fazer

biti

ser

stojati

ficar de pé

trčati

correr

povlačiti

puxar

baciti

remessar

padati

cair

ležati

deitar

čekati

esperar

nositi

carregar

sediti

sentar

oblačiti

vestir

spavati

dormir

probuditi se

acordar

gledati

olhar para

plakati

chorar

milovati

acariciar

češljati

pentear

govoriti

falar

razumeti

compreender

pitati

perguntar

slušati

ouvir

piti

beber

jesti

comer

pospremiti

arrumar

voleti

amar

kuhati

cozinhar

voziti

conduzir

leteti

voar

aktivnosti - atividades

ploviti

velejar

računati

calcular

čitati

ler

učiti

aprender

raditi

trabalhar

venčati se

casar

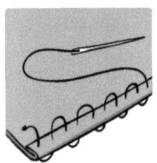

šiti

costurar

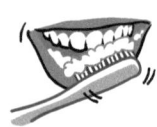

prati zube

escovar os dentes

ubiti

matar

pušiti

fumar

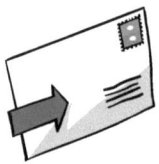

poslati

enviar

porodica
família

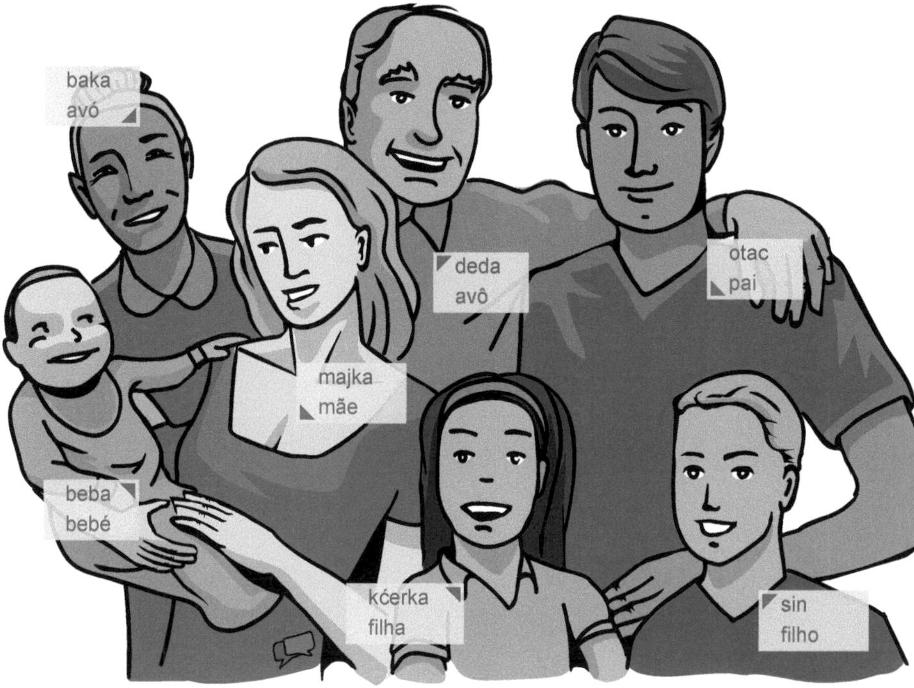

baka
avó
deda
avô
otac
pai
majka
mãe
beba
bebé
kćerka
filha
sin
filho

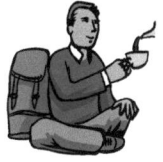

gost
convidado

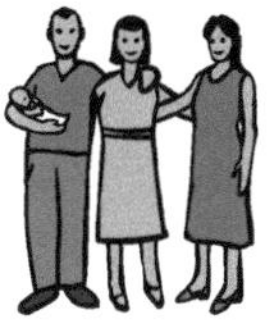

tetka
tia

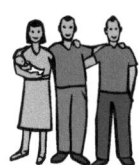

ujak, stric
tio

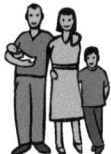

brat
irmão

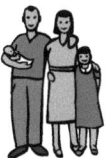

sestra
irmã

telo

corpo

čelo
testa
oko
olho
rame
ombro
prst
dedo
lice
cara
brada
queixo
ruka
mão
noga
perna
grudi
peito
ruka
braço

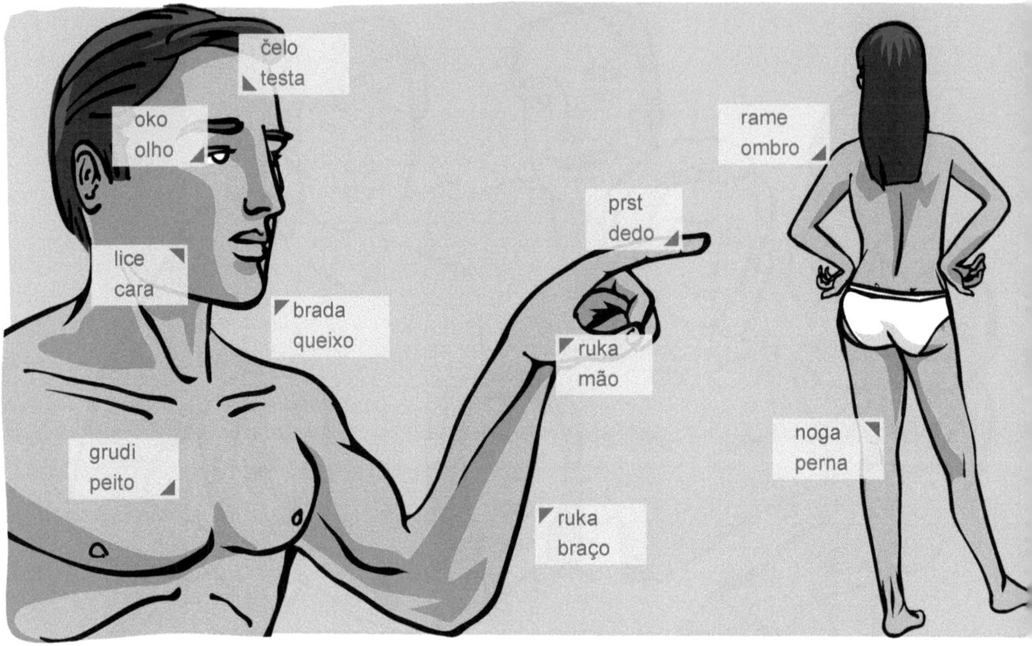

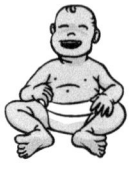

beba

bebé

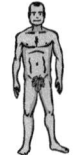

muškarac

homem

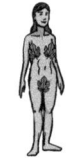

žena

mulher

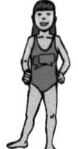

devojčica

menina

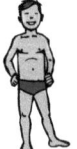

dečak

menino

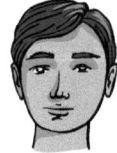

glava

cabeça

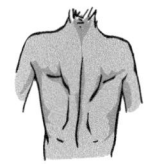	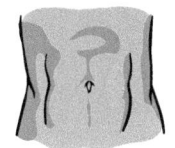	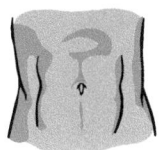
leđa	stomak	pupak
costas	barriga	umbigo
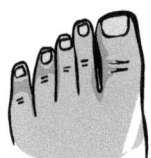	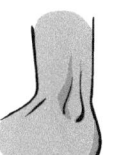	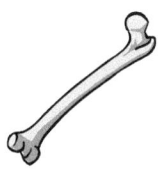
nožni prst	peta	kost
dedo do pé	calcanhar	osso
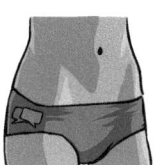		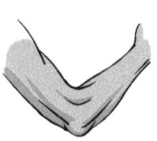
kukovi	koleno	lakat
anca	joelho	cotovelo

nos	zadnjica	koža
nariz	nádegas	pele
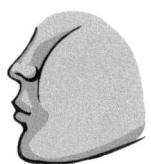	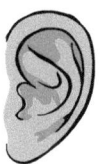	
obraz	uvo	usna
bochecha	orelha	lábio

usta

boca

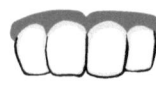

zub

dente

jezik

língua

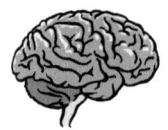

mozak

cérebro

srce

coração

mišić

músculo

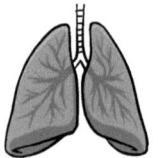

pluća

pulmão

jetra

fígado

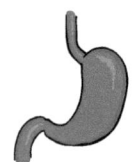

želudac

estômago

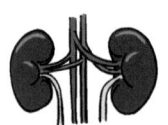

bubrezi

rins

polni odnos

relações sexuais

kondom

preservativo

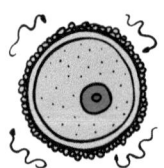

jajna ćelija

óvulo

sperma

esperma

trudnoća

gravidez

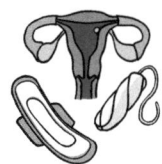

menstruacija

menstruação

vagina

vagina

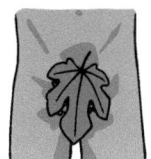

penis

pénis

obrva

sobrancelha

kosa

cabelo

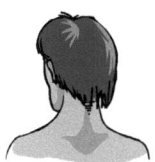

vrat

pescoço

bolnica
hospital

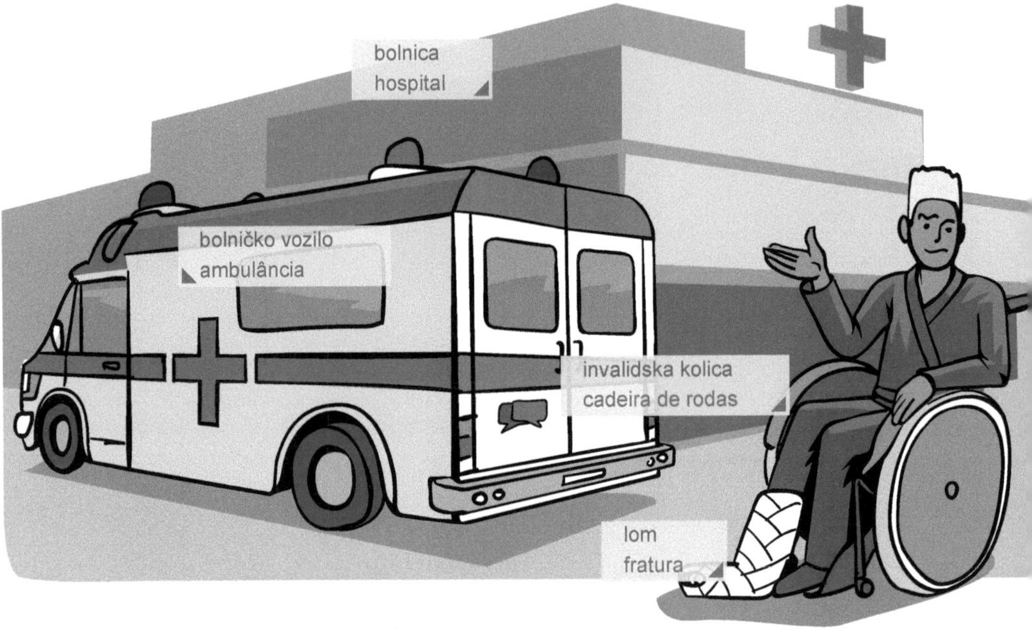

bolnica
hospital
bolničko vozilo
ambulância
invalidska kolica
cadeira de rodas
lom
fratura

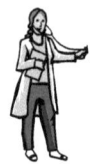

lekar
....
médico

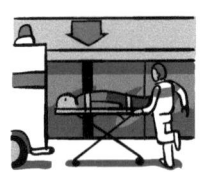

hitna medicinska služba
....
serviço de urgências

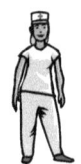

medicinska sestra
....
enfermeira

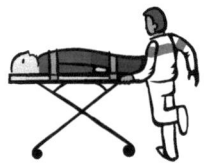

hitni slučaj
....
emergência

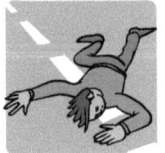

nesvest
....
inconsciente

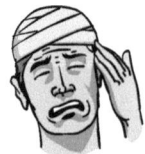

bol
....
dor

povreda

ferimento

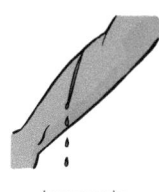

krvarenje

hemorragia

srčani udar

ataque cardíaco

udar

acidente vascular cerebral

alergija

alergia

kašalj

tosse

groznica

febre

gripa

gripe

proliv

diarreia

glavobolja

dor de cabeça

rak

cancro

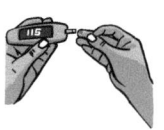

dijabetes

diabetes

hirurg

cirurgião

skalpel

bisturi

operacija

operação

ct
CT

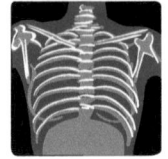

rentgen
raio x

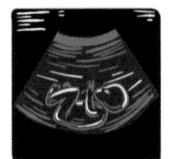

ultrazvuk
ultrassom

maska
máscara

bolest
doença

čekaona
sala de espera

štaka
muleta

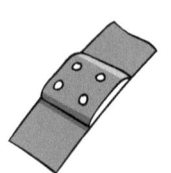

flaster
penso rápido

zavoj
ligadura

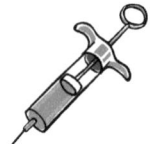

injekcija
injeção

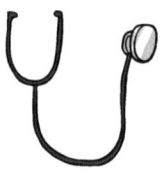

stetoskop
estetoscópio

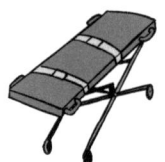

nosila
maca

termometar
termómetro

rođenje
nascimento

prekomerna težina
excesso de peso

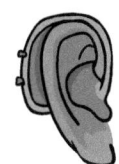

slušni aparat

aparelho auditivo

sredstvo za dezinfekciju

desinfetante

infekcija

infeção

virus

vírus

HIV / AIDS

HIV / SIDA

medicina

medicamento

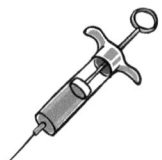

vakcinacija

vacinação

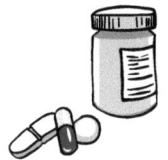

tablete

comprimidos

pilula

pílula

hitni poziv

chamada de emergência

uređaj za merenje pritiska

dispositivo de medição de
pressão arterial

bolesno / zdravo

doente / saudável

pomoć!

Socorro!

alarm

alarme

nasrtaj

assalto

napad

ataque

opasnost

perigo

izlaz u slučaju nužde

saída de emergência

požar!

Fogo!

protivpožarni aparat

extintor de incêndios

nezgoda

acidente

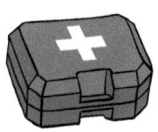

kutija prve pomoći

estojo de primeiros socorros

sos

SOS

policija

polícia

Evropa

Europa

Severna Amerika

América do Norte

Južna Amerika

América do Sul

Afrika

África

Azija

Ásia

Australija

Austrália

Atlantik

Atlântico

Pacifik

Pacífico

Indijski okean

Oceano Índico

Antarktički okean

Oceano Antártico

Arktički ocean

Oceano Ártico

Severni pol

Polo Norte

Južni pol
Polo Sul

Antarktik
Antártica

zemlja
terra

zemlja
país

more
mar

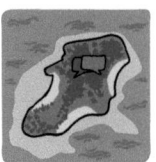

otok
ilha

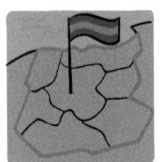

nacija
nação

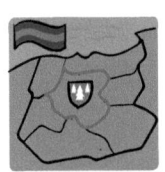

država
estado

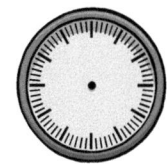

brojčanik sata

mostrador do relógio

satna kazaljka

ponteiro das horas

minutna kazaljka

ponteiro dos minutos

sekundna kazaljka

ponteiro dos segundos

Koliko je sati?

Que horas são?

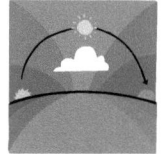

dan

dia

vreme

tempo

sada

agora

digitalni sat

relógio digital

minuta

minuto

čas

hora

sedmica

semana

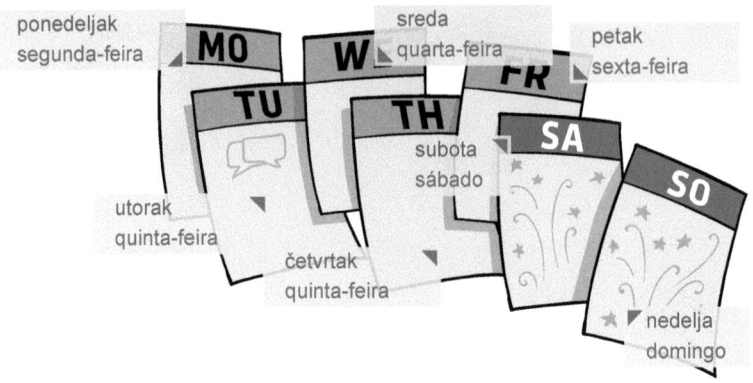

ponedeljak
segunda-feira

MO

TU

sreda
quarta-feira

W

petak
sexta-feira

FR

TH

subota
sábado

SA

utorak
quinta-feira

četvrtak
quinta-feira

SO

nedelja
domingo

juče
....
ontem

danas
....
hoje

sutra
....
amanhã

jutro
....
manhã

podne
....
meio-dia

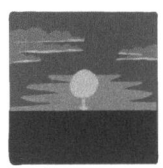

veče
....
entardecer

radni dani
....
dias úteis

vikend
....
fim de semana

godina
ano

kiša
chuva
duga
arco-íris
vetar
vento
sneg
neve
proleće
primavera
jesen
outono
leto
verão
zima
inverno

4.APRIL 11°
5.APRIL 4°
6.APRIL 13°
7.APRIL 8°
8.APRIL 10°

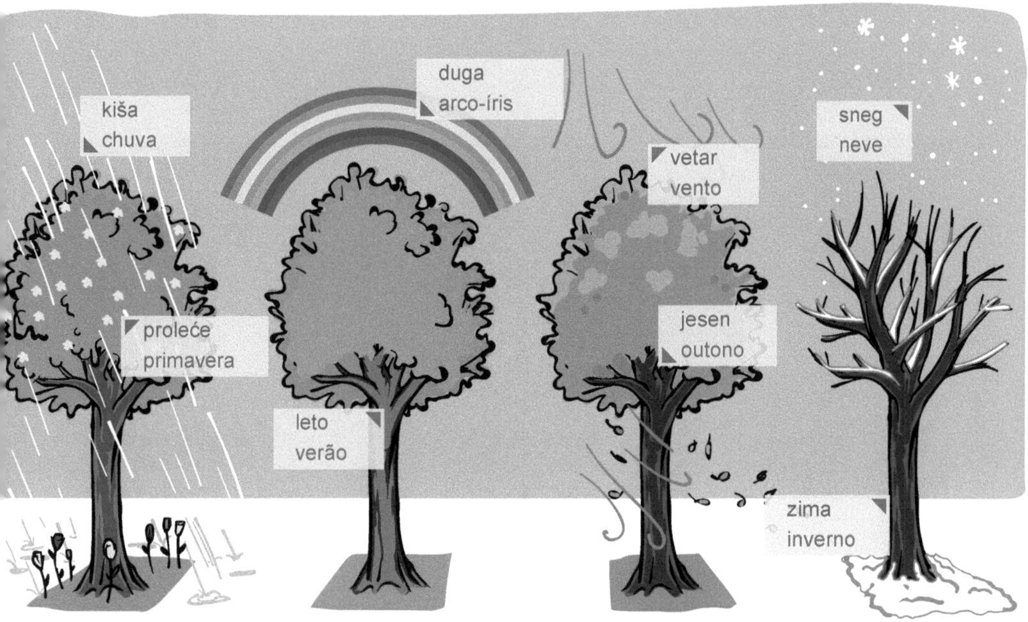

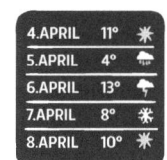

meteorološka prognoza

previsão do tempo

F C
120 40
90 30
60 20
30 10
0 0
-30 -10
-20

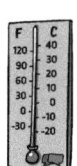

termometar

termómetro

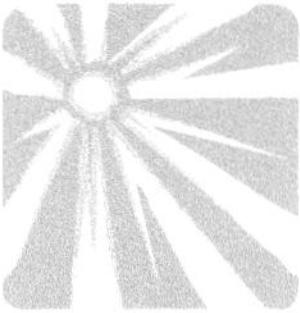

sunčana svetlost

raios de sol

oblak

nuvem

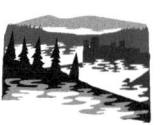

magla

neblina / nevoeiro

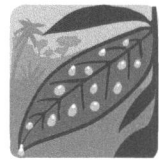

vlažnost vazduha

humidade do ar

munja

relâmpago

grmljavina

trovão

oluja

tempestade

tuča

granizo

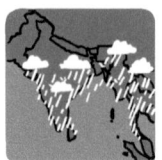

monsun

monção

poplava

inundação

led

gelo

januar

janeiro

februar

fevereiro

mart

março

april

abril

maj

maio

juni

junho

juli

julho

avgust

agosto

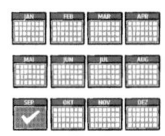

septembar
setembro

oktobar
outubro

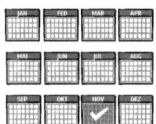

novembar
novembro

decembar
dezembro

oblici
formas

krug
círculo

kvadrat
quadrado

pravougao
retângulo

trougao
triângulo

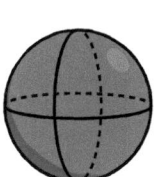

kugla
esfera

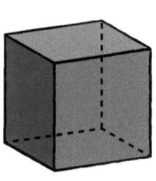

kocka
cubo

bela

branco

žuta

amarelo

narandžasta

laranja

ružičasta

rosa

crvena

vermelho

ljubičasta

lilás

plava

azul

zelena

verde

smeđa

castanho

siva

cinzento

crna

preto

mnogo / malo

muito / pouco

ljutito / mirno

furioso / calmo

lepo / ružno

lindo / feio

početak / kraj

princípio / fim

veliko / maleno

grande / pequeno

svetlo / tamno

claro / escuro

brat / sestra

irmão / irmã

čisto / prljavo

limpo / sujo

potpuno / nepotpuno

completo / incompleto

dan / noć

dia / noite

mrtvo / živo

morto / vivo

široko / usko

largo / estreito

jestivo / nejestivo

comestível / não comestível

zlo / dobro

mau / gentil

uzbuđeno / dosadno

entusiasmado / entediado

debelo / mršavo

gordo / magro

na početku / na kraju

primeiro / último

prijatelj / neprijatelj

amigo / inimigo

puno / prazno

cheio / vazio

tvrdo / mekano

duro / macio

teško / lagano

pesado / leve

glad / žeđ

fome / sede

bolesno / zdravo

doente / saudável

ilegalno / legalno

ilegal / legal

pametno / glupo

inteligente / burro

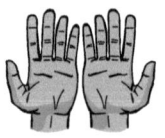

levo / desno

esquerda / direita

blizu / daleko

perto / longe

novo / polovno

novo / usado

ništa / nešto

nada / algo

staro / mlado

velho / jovem

uključeno / isključeno

ligado / desligado

otvoreno / zatvoreno

aberto / fechado

tiho / glasno

baixo / alto

bogato / siromašno

rico / pobre

tačno / pogrešno

certo / errado

hrapavo / glatko

áspero / liso

tužno / sretno

triste / feliz

kratko / dugo

curto / longo

polako / brzo

lento / rápido

mokro / suho

molhado / seco

toplo / hladno

ameno / fresco

rat / mir

guerra / paz

0	**1**	**2**
nula	jedan	dva
zero	um	dois

3	**4**	**5**
tri	četiri	pet
três	quatro	cinco

6	**7**	**8**
šest	sedam	osam
seis	sete	oito

9	**10**	**11**
devet	deset	jedanaest
nove	dez	onze

12

dvanaest
doze

13

trinaest
treze

14

četrnaest
catorze

15

petnaest
quinze

16

šestnaest
dezasseis

17

sedamnaest
dezassete

18

osamnaest
dezoito

19

devetnaest
dezanove

20

dvadeset
vinte

100

stotinu
cem

1.000

hiljadu
mil

1.000.000

milion
milhão

engleski

inglês

američki engleski

inglês americano

mandarinski kineski

chinês mandarim

hindski

hindi

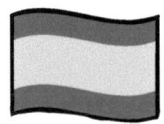

španski

espanhol

francuski

francês

arapski

árabe

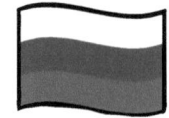

ruski

russo

portugalski

português

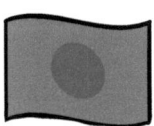

bengalski

bengalês

nemački

alemão

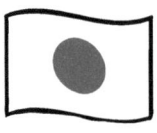

japanski

japonês

ja

eu

ti

tu

on / ona / ono

ele / ela

mi

nós

vi

vós

oni

eles / elas

Ko?

quem?

Šta?

o quê?

Kako?

como?

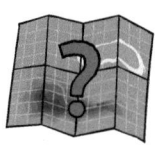

Gde?

onde?

Kada?

quando?

ime

nome

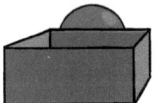

iza
....
atrás

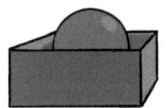

u
....
em

ispred
....
à frente de

preko
....
sobre

na
....
em cima

ispod
....
debaixo

pored
....
ao lado

između
....
entre

mesto
....
lugar